2ND EDITION

Celebration SERIES

PIANO REPERTOIRE ALBUM 9

ISBN 0-88797-433-3

FREDERICK
HARRIS
MUSIC

Official Examination Repertoire of The Royal Conservatory of Music - Grade 9
Répertoire officiel des examens du Royal Conservatory of Music - Niveau 9

This updated and improved *2nd edition* of the *Celebration Series* has been created in response to the great popularity of the original edition. The *Celebration Series, 2nd edition* is designed to serve the needs of all teachers and students, as well as pianists who play solely for their own enjoyment. Once a student has completed an entry level method or course, he or she will be ready for the Introductory Album of the *Celebration Series, 2nd edition.*

The albums in the series are graded from early intermediate (Albums 1 to 3) through intermediate (Albums 4 to 8) to advanced and concert repertoire (Albums 9 and 10). Each volume of repertoire comprises a carefully selected and edited grouping of pieces from the Baroque, Classical, Romantic, and 20th-century style periods. Studies Albums present compositions especially suited for building technique as well as musicality. Student Guides and recordings are available to assist in the study and enjoyment of the music.

A Note on Editing

Most Baroque and early Classical composers wrote few dynamics, articulation, or other performance indications in their scores. Interpretation was left up to the performer, with the expectation that the performance practice was understood. In this edition, therefore, most of the dynamics and tempo indications in the Baroque and early Classical pieces have been added by the editors. These editorial markings, including fingering and the execution of ornaments, are intended to be helpful rather than definitive.

By the late 18th century, composers for the piano included more performance indications in their scores, a trend which became standard in the 19th century. In late Classical and Romantic compositions, as well as in the music of our own time, therefore, the performer is able to rely on the composers' own markings to a greater extent.

A Note on Performance Practice

The keyboard instruments of the 17th and early to mid-18th centuries lacked the sustaining power of the modern piano. Consequently, the usual keyboard touch was detached rather than legato. The pianist should assume that a lightly articulated touch is appropriate for Baroque and early Classical music, unless a different approach is indicated either in the music or in a footnote. Slurs are used to indicate legato notes or short phrases.

Le grande popularité de l'édition originale du "Celebration Series" est le point de départ de cette 2ème édition mise à jour et améliorée. Le "Celebration Series" 2ème édition à été conçu non seulement pour les professeurs et leurs élèves mais aussi ceux qui jouent du piano pour leur propre plaisir. Dès qu'un élève a terminé un cours ou une méthode de base, il est prêt pour l'album d'introduction du "Celebration Series" 2ème édition.

Les albums de cette série sont gradués du niveau intermédiaire de base (albums 1 à 3) au niveau intermédiaire (albums 4 à 8) puis au niveau avancé (albums 9 et 10). Chaque album inclus un groupe de pièces de style baroque, classique, romantique et 20ème siècle, soigneusement choisies et éditées. Les albums d'études offrent des pièces spécialement choisies pour développer la technique aussi bien que la musicalité. Des guides d'étude et les enregistrements sont disponibles pour faciliter l'étude et l'appréciation des pièces.

Note au sujet de l'édition

La plupart des compositeurs baroques et classiques ne notaient ni nuances ni articulations dans leurs partitions. L'interprète était libre de jouer comme il l'entendait en basant bien sûr son interprétation sur la norme de son époque. Dans cette édition la majeure partie des nuances et articulations trouvées dans les pièces baroques et classiques ont été ajoutées par les éditeurs. Ces additions, incluant doigtés et ornementation, sont fournies à titre indicatif seulement.

A partir de la fin du 18ème siècle les compositeurs commencerent à inclure de plus en plus d'indications dans leurs partitions. L'interprète de musique de la fin du classique jusqu'à nos jours peut donc beaucoup plus faire appel aux indications du compositeur.

Note au sujet de l'exécution

Les claviers du 17ème et début du 18ème siècles n'avaient pas le ton soutenu d'un piano moderne. Conséquemment l'articulation était surtout détaché plutôt que legato. Le pianiste devrait donc approcher la musique baroque et début du classique avec une légère articulation à moins qu'une approche différente ne soit indiquée dans la partition ou par une note de l'éditeur. Le legato et de courtes phrases sont indiqués par des liaisons.

Piano Repertoire Album 9
TABLE OF CONTENTS

List A

4	Sinfonia No. 15 in B Minor / Sinfonia n° 15 en si mineur, BWV 801	*Johann Sebastian Bach*
6	Sinfonia No. 3 in D Major / Sinfonia n° 3 en ré majeur, BWV 789	*Johann Sebastian Bach*
8	Adagissimo	*Johann Sebastian Bach*
10	Le coucou / The Cuckoo (Rondeau)	*Louis-Claude Daquin*
13	Prelude in C Minor / Prélude en do mineur, BWV 847	*Johann Sebastian Bach*
16	Fugue in C Minor / Fugue en do mineur, BWV 847	*Johann Sebastian Bach*
18	Prelude in E Minor / Prélude en mi mineur, BWV 855	*Johann Sebastian Bach*
22	Fugue in E Minor / Fugue en mi mineur, BWV 855	*Johann Sebastian Bach*

List B

25	Sonata in D Minor / Sonate en ré mineur, L 413, K 9	*Domenico Scarlatti*
28	Sonata in C Major / Sonate en do majeur, L 104, K 159	*Domenico Scarlatti*
31	Sonata in D Major / Sonate en ré majeur, Hob. XVI:37 (First Movement / Premier mouvement)	*Franz Joseph Haydn*
36	Sonata in D Major / Sonate en ré majeur, Hob. XVI:37 (Second and Third Movements / Deuxième et troisième mouvements)	*Franz Joseph Hayan*
40	Sonata in G Major / Sonate en sol majeur, KV 283 (189h) (First Movement / Premier mouvement)	*Wolfgang Amadeus Mozart*
45	Sonata in G Major / Sonate en sol majeur, KV 283 (189h) (Second and Third Movements / Deuxième et troisième mouvements)	*Wolfgang Amadeus Mozart*
55	Six Easy Variations in G Major / Six variations faciles en sol majeur, WoO 77	*Ludwig van Beethoven*

List C

60	Butterfly / Papillon, Op. 43, No. 1	*Edvard Grieg*
64	Song without Words / Chant sans paroles, Op. 38, No. 6 (Duetto)	*Felix Mendelssohn*
69	Prelude in D Flat / Prélude en ré bémol, Op. 28, No. 15	*Frédéric Chopin*
72	Waltz in C Sharp Minor / Valse en do dièse mineur, Op. 64, No. 2	*Frédéric Chopin*
78	En rêve / Dreaming	*Franz Liszt*
80	Romance in F Sharp / Romance en fa dièse, Op. 28, No. 2	*Robert Schumann*
82	Whims / Caprices, Op. 12, No. 4	*Robert Schumann*

List D

87	May Night / Soir de mai, Op. 27, No. 4	*Selim Palmgren*
90	Menuet	*Maurice Ravel*
94	Golliwogg's Cake-walk	*Claude Debussy*
99	Prelude in G Flat / Prélude en sol bémol, Op. 11, No. 13	*Alexander Scriabin*
100	Prelude No. 1 / Prélude n° 1, Op. 38, No. 1	*Dmitri Kabalevsky*
102	Prelude No. 2 / Prélude n° 2, Op. 38, No. 2	*Dmitri Kabalevsky*
104	Bear Dance / Danse des ours	*Béla Bartók*
108	Ronde enfantine / Children's Round	*François Morel*
111	Fox Dance / Danse des renards	*Leo Weiner*
114	Polytonality / Politonalité	*R. Murray Schafer*

List A comprises a selection of pieces composed during the Baroque period (*ca* 1600 - *ca* 1750). List B comprises a selection of pieces composed during the Classical period (*ca* 1750 - *ca* 1820). List C comprises a selection of pieces composed during the Romantic era (*ca* 1820 - *ca* 1910) and List D comprises a selection of pieces composed during the 20th century.

La liste A contient une série de pièces composées durant la période baroque (*ca* 1600 à 1750). La liste B contient une série de pièces composées durant la période classique (*ca* 1750 à 1820). La liste C contient une série de pièces composées durant la période romantique (*ca* 1820 à 1910) et la liste D contient une série de pièces composées au 20ème siècle.

SINFONIA NO. 15 IN B MINOR / SINFONIA Nº 15 EN SI MINEUR

BWV 801

List A

Johann Sebastian Bach
1685-1750

The main theme and its recurrences may be played detached or with the following articulation: / Le thème principal se jouera dans un style détaché ou avec l'articulation suivante: ♫ ♫ ♫ etc.

All dynamic indications are editorial. / Les indications dynamiques sont des ajouts d'édition.

Source: *The Wilhelm Friedemann Bach Notebook* (1723) / *Le petit cahier de Wilhelm Friedemann Bach* (1723)

SINFONIA NO. 3 IN D MAJOR / SINFONIA N° 3 EN RÉ MAJEUR
BWV 789

List A

Johann Sebastian Bach
1685-1750

The main theme may be played detached or with the following articulation: / Le thème principal se jouera dans un style détaché ou avec l'articulation suivante:

All dynamic indications are editorial. / Les indications dynamiques sont des ajouts d'édition.

Source: *The Wilhelm Friedemann Bach Notebook* (1723) / *Le petit cahier de Wilhelm Freidemann Bach* (1723)

ADAGISSIMO

List A

Johann Sebastian Bach
1685-1750

Source: *Capriccio on the Departure of a Most Beloved Brother*, BWV 992 (1704) / *Capriccio sur le départ d'un frère bien-aimé*, BWV 992 (1704)

weeping figures

LE COUCOU / THE CUCKOO

List A

Rondeau

Louis-Claude Daquin
1694-1772

(a) (b) (c) (d) or /
ou

All dynamic indications are editorial. / Les indications dynamiques sont des ajouts d'édition.
Most eighth notes should be played detached. / On devrait détacher la plupart des croches.
Source: *Premier livre de pièces de clavecin*, Troisième suite (1735)

Section A up a 3rd.

on trills finger 2 must flick for clearness
+ must really speak

1er Couplet

D.C.

2e Couplet

PRELUDE IN C MINOR / PRÉLUDE EN DO MINEUR
BWV 847

List A

Johann Sebastian Bach
1685-1750

All dynamic markings in the Prelude and the Fugue in C minor are editorial. / Les indications dynamiques dans le prélude et la fugue en do mineur sont des ajouts d'édition.

Source: *Well-Tempered Clavier*, Book I (1722) / *Le clavier bien tempéré*, livre 1 (1722)

N.B.: The Prelude and the Fugue in C minor are to be played as one selection at examinations. / Le prélude et la fugue en do mineur doivent être joués comme un ensemble lors des examens.

FUGUE IN C MINOR / FUGUE EN DO MINEUR
BWV 847

List A

Johann Sebastian Bach
1685-1750

The theme may be played with all notes slightly detached, or with the following articulation: / Le thème se jouera dans un style détaché ou avec l'articulation suivante:

Source: *Well-Tempered Clavier*, Book 1 (1722) / *Le clavier bien tempéré*, livre 1 (1722)

N.B.: The Prelude and the Fugue in C minor are to be played as one selection at examinations. / Le prélude et la fugue en do mineur doivent être joués comme un ensemble lors des examens.

PRELUDE IN E MINOR / PRÉLUDE EN MI MINEUR
BWV 855

List A

Johann Sebastian Bach
1685- 1750

Ornaments / Ornements: (a)

Variants / Variantes: (b)   (c)

All dynamic indications are editorial. In measure 3, the slurs are Bach's own. / Les indications dynamiques sont des ajouts d'édition. Dans la mesure 3, les liaisons sont originales.

Source: *Well-Tempered Clavier*, Book 1 (1722) / *Le clavier bien tempéré*, livre 1 (1722)

N.B.: The Prelude and the Fugue in E minor are to be played as one selection at examinations. / Le prélude et la fugue en mi mineur doivent être joués comme un ensemble lors des examens.

19

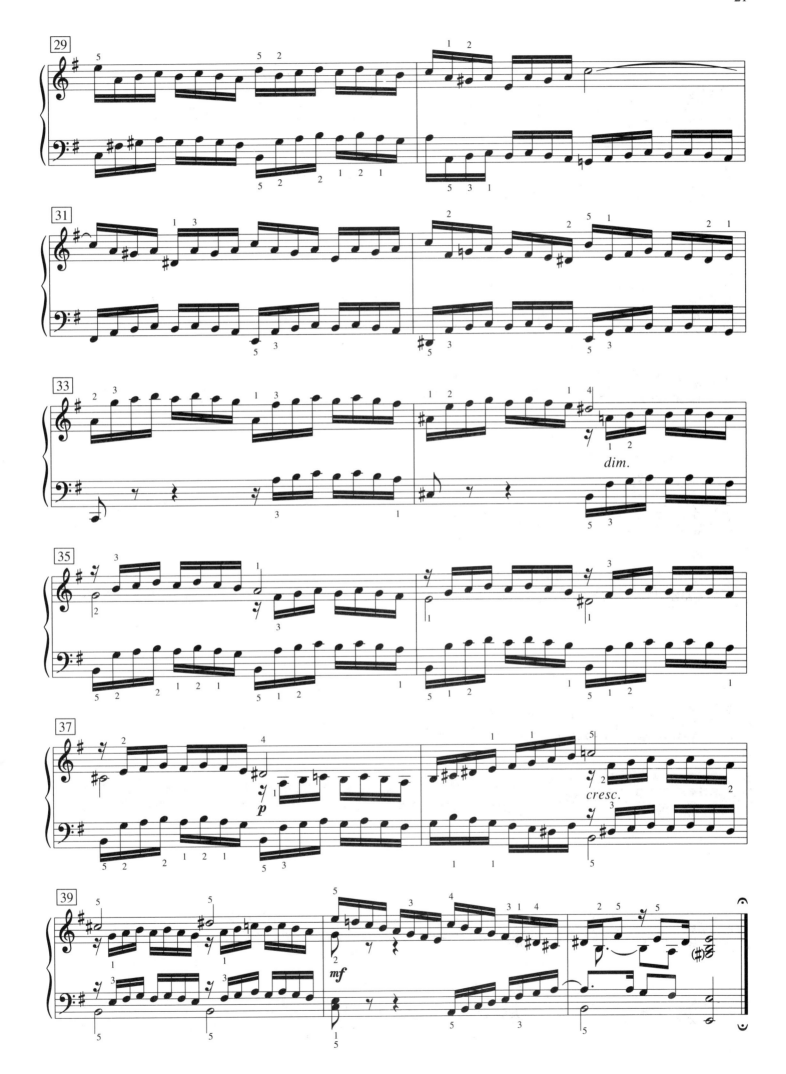

FUGUE IN E MINOR / FUGUE EN MI MINEUR
BWV 855

List A

Johann Sebastian Bach
1685-1750

Eighth notes may be played detached. / On peut détacher les croches.

Dynamic markings are editorial. / Les indications dynamiques sont des ajouts d'édition.

N.B.: The Prelude and the Fugue in E minor are to be played as one selection at examinations. / Le prélude et la fugue en mi mineur doivent être joués comme un ensemble lors des examens.

SONATA IN D MINOR / SONATE EN RÉ MINEUR
L 413, K 9

List B

Domenico Scarlatti
1685-1757

Dynamics and marks of articulation, except for slurs in measures 24 and 54, are editorial. / Les indications dynamiques et les articulations, sauf celles des mesures 24 et 54, sont des ajouts d'édition.

Source: *Essercizi* (N° 9) (1738)

N.B.: Both Scarlatti sonatas are to be played as one selection at examinations. / Les deux sonates de Scarlatti doivent être jouées comme un ensemble lors des examens.

* G in Longo edition / Sol dans l'édition de Longo

SONATA IN C MAJOR / SONATE EN DO MAJEUR
L 104, K 159

List B

Domenico Scarlatti
1685-1757

Dynamics and marks of articulation are editorial. / Les indications dynamiques et les articulations sont des ajouts d'édition.

Most eighth notes should be played detached. / On devrait détacher la plupart des croches.

Source: *Pièces pour le clavecin* (1752)

N.B.: Both Scarlatti sonatas are to be played as one selection at examinations. / Les deux sonates de Scarlatti doivent être jouées comme un ensemble lors des examens.

SONATA IN D MAJOR / SONATE EN RÉ MAJEUR
Hob. XVI:37 (First Movement / Premier mouvement)

List B

Franz Joseph Haydn
1732-1809

In the first movement, all dynamic indications are editorial. Slurs are editorial except in measures 3, 7, 37, 40, 63, 100 and 103. / Dans le premier mouvement, les indications dynamiques sont des ajouts d'édition. Sauf dans les mesures 3, 7, 37, 40, 63, 100 et 103, les coulés sont également des ajouts d'édition.

N.B.: *Either* the first *or* the second and third movements are to be played as one selection at examinations. / *Soit* le premier mouvement *soit* le second et le troisième mouvements doivent être joués comme une sélection lors des examens.

SONATA IN D MAJOR / SONATE EN RÉ MAJEUR

Hob. XVI:37 (Second and Third Movements / Deuxième et troisième mouvements)

List B

Franz Joseph Haydn
1732-1809

attacca subito il Finale

(a) Grace notes begin on, not before, the beat. / L'ornement commence sur et non pas avant le temps.

Dynamic indications in the second movement are editorial except in measures 14 (*pp*) et 16 (*fz*). Parentheses indicate editorial slurs. / Sauf dans les mesures 14 (*pp*) et 16 (*fz*), les indications dynamiques du deuxième mouvement sont des ajouts d'édition. Les coulés qui sont des ajouts d'édition sont placés entre parenthèses.

N.B.: *Either* the first *or* the second and third movements are to be played as one selection at examinations. / *Soit* le premier mouvement *soit* le deuxième et troisième mouvements doivent être joués comme une sélection lors des examens.

FINALE
Presto ma non troppo ♩ = 126-138
innocentemente

Parentheses indicate editorial slurs and dynamics. / Les coulés et les indications dynamiques placées entre parenthèses sont des ajouts d'édition.

SONATA IN G MAJOR / SONATE EN SOL MAJEUR

KV 283 (189h)

(First Movement / Premier mouvement)

List B

Wolfgang Amadeus Mozart
1756-1791

Parentheses indicate editorial dynamics. / Les indications dynamiques entre parenthèses sont des ajouts d'édition.

N.B.: *Either* the first *or* the second and third movements are to be played as one selection at examinations. / *Soit* le premier *soit* le deuxième et troisième mouvements doivent être joués comme une sélection lors des examens.

SONATA IN G MAJOR / SONATE EN SOL MAJEUR
KV 283 (189h)
(Second and Third Movements / Deuxième et troisième mouvements)

List B

Wolfgang Amadeus Mozart
1756-1791

Parentheses indicate dynamics that are editorial. / Les indications dynamiques entre parenthèses sont des ajouts d'édition.
N.B.: *Either* the first *or* the second and third movements may be played as one selection at examinations. / *Soit* le premier *soit* le deuxième et troisième mouvements doivent être joués comme une sélection lors des examens.

y

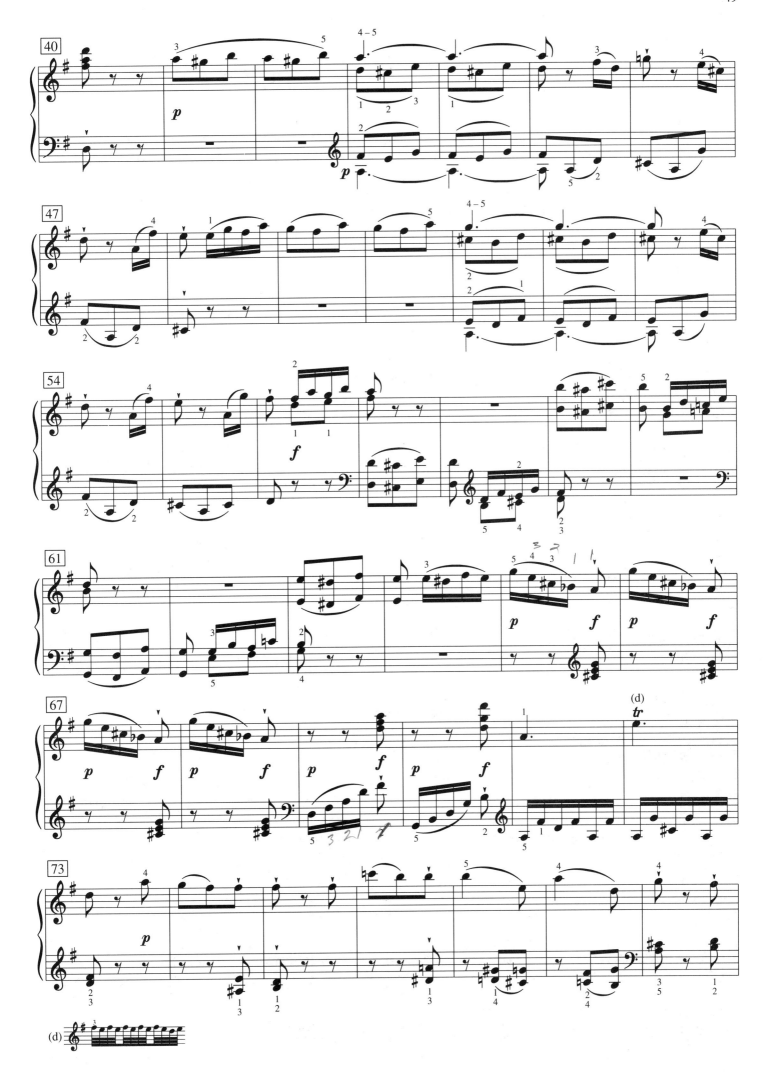

SIX EASY VARIATIONS IN G MAJOR /
SIX VARIATIONS FACILES EN SOL MAJEUR
WoO 77

List B

Ludwig van Beethoven
1770-1827

Parentheses indicate editorial dynamics. / Les indications dynamiques entre parenthèses sont des ajouts d'édition.

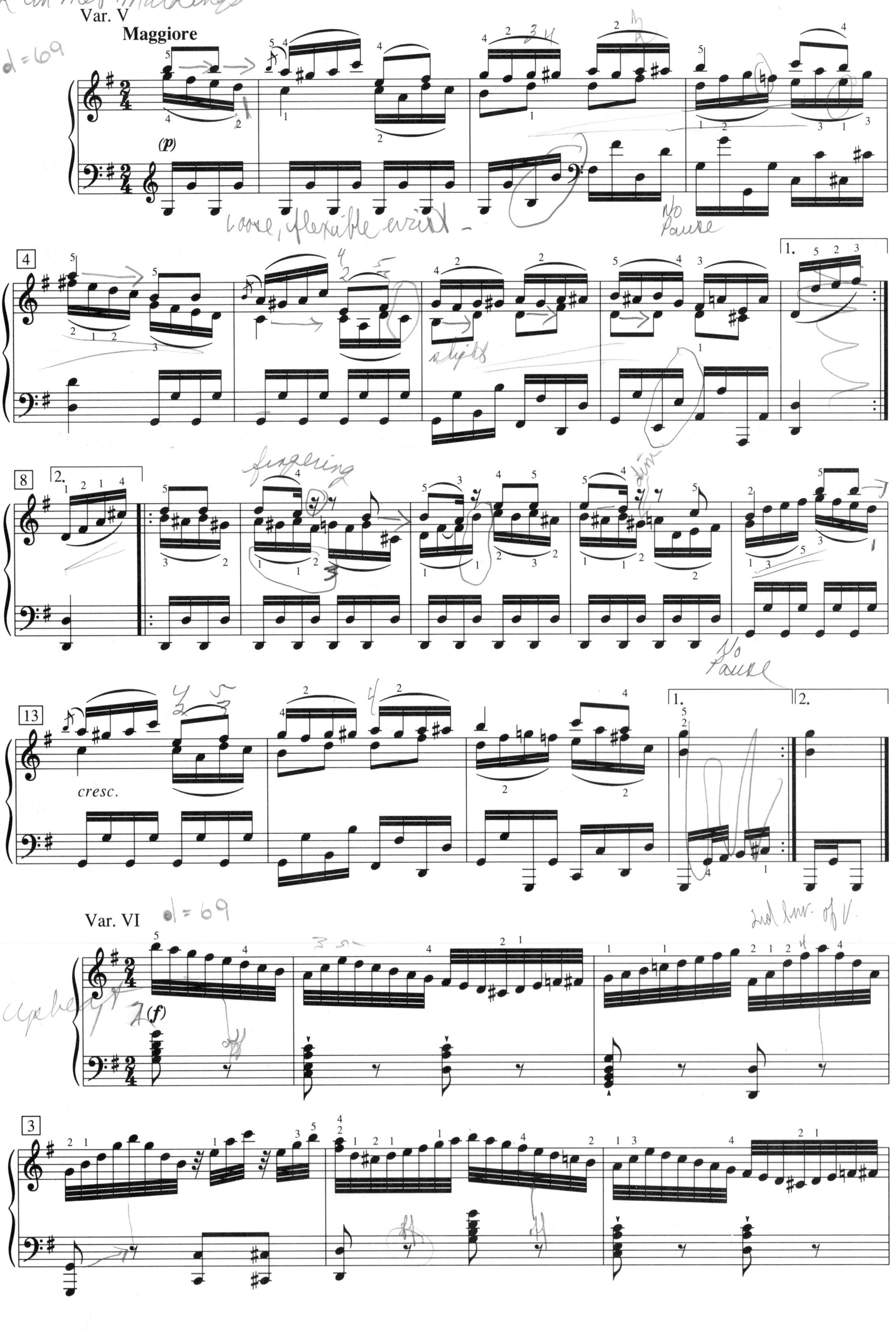
Var. V
Maggiore
(p)
cresc.
Var. VI
(f)

BUTTERFLY / PAPILLON
Op. 43, No. 1

List C

Edvard Grieg
1843-1907

Allegro grazioso ♩ = 104-126

Source: *Lyric Pieces*, Op. 43 (1886) / *Pièces lyriques*, op. 43 (1886)

SONG WITHOUT WORDS / CHANT SANS PAROLES

Op. 38, No. 6
(Duetto)

List C

Felix Mendelssohn
1809-1847

Source: *Songs without Words*, Op. 38 (1837) / *Chants sans paroles*, op. 38 (1837)

PRELUDE IN D FLAT / PRÉLUDE EN RÉ BÉMOL
Op. 28, No. 15

Frédéric Chopin
1810-1849

List C

All dynamics and marks of articulation are original. / Les indications dynamiques et les articulations sont originales.

WALTZ IN C SHARP MINOR / VALSE EN DO DIÈSE MINEUR
Op. 64, No. 2

List C

Frédéric Chopin
1810-1849

Tempo giusto ♩ = 126-138

*Suggested pedalling for these and similar measures / Pédale suggérée pour ces mesures et pour des mesures semblables
Parentheses indicate editorial dynamic markings. / Les indications dynamiques entre parenthèses sont des ajouts d'édition.

EN RÊVE / DREAMING

List C

Franz Liszt
1811-1886

Dynamic indications are editorial except in measures 13, 17, 38, 41, 44 and 46. / À l'exception des mesures 13, 17, 38, 41, 44 et 46, les indications dynamiques sont des ajouts d'édition.

* The G♯ should be played with the left hand as the final note in the arpeggiated chord. / On doit jouer le sol dièse avec la m.g. comme la note finale de l'accord arpégé.

ROMANCE IN F SHARP / ROMANCE EN FA DIÈSE
Op. 28, No. 2

List C

Robert Schumann
1810-1856

WHIMS / CAPRICES
Op. 12, No. 4

List C

Robert Schumann
1810-1854

Dynamics and phrasing are original except where indicated in parentheses. / Le phrasé et les indications dynamiques placés entre parenthèses sont des ajouts d'édition.

Source: *Fantasiestücke*, Op. 12 (1838)

MAY NIGHT / SOIR DE MAI
Op. 27, No. 4

List D

Selim Palmgren
1878-1951

* Left hand over the right / Main gauche au-dessus

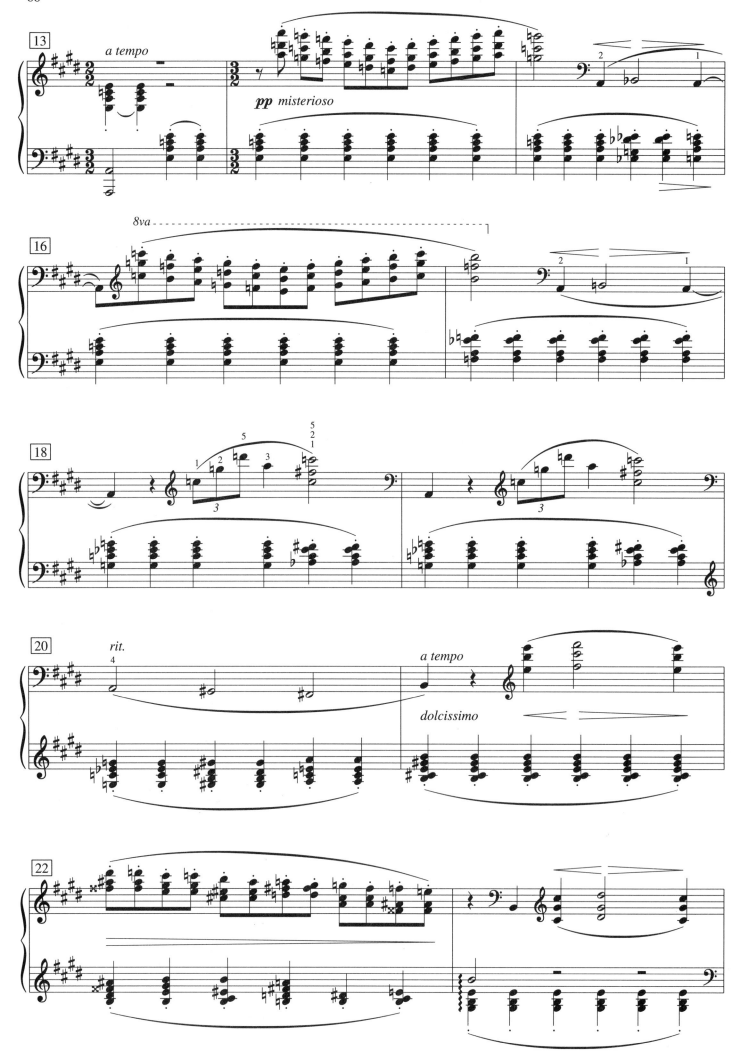

MENUET

List D

Maurice Ravel
1875-1937

* The small notes should be played on the beat. / Les petites notes doivent être frappées sur le temps.
Source: *Le Tombeau de Couperin* (1914-17)

GOLLIWOGG'S CAKE-WALK

List D

Claude Debussy
1862-1918

Source: *Children's Corner* (1908)

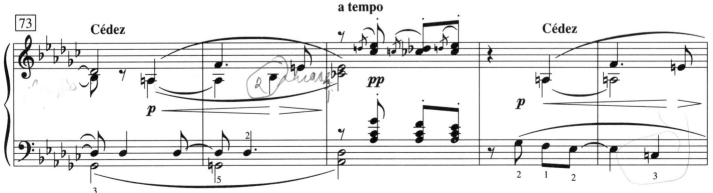

PRELUDE IN G FLAT / PRÉLUDE EN SOL BÉMOL

Op. 11, No. 13

List D

Alexander Scriabin
1872-1915

Lento ♩ = 72-76

Source: *Twenty-four Preludes*, Op. 11 (1888-96) / *Vingt-quatre préludes*, op. 11 (1888-96)

PRELUDE NO. 1 / PRÉLUDE Nº 1

Op. 38, No. 1

Dmitri Kabalevsky
1904-1987

List D

N.B.: Preludes 1 and 2 are to be played as one selection at examinations. / Les préludes 1 et 2 doivent être joués comme un ensemble lors des examens.

Permission to reprint granted by: G. Schirmer, Inc. (ASCAP); Boosey & Hawkes Music Publishers Limited; Internationale Musikverlage Hans Sikorski; G. Ricordi & C.; and Zenon Music Company Ltd. for their respective territories.

PRELUDE NO. 2 / PRÉLUDE Nº 2
Op. 38, No. 2

List D

Dmitri Kabalevsky
1907-1987

N.B.: Preludes 1 and 2 are to be played as one selection at examinations. / Les préludes 1 et 2 doivent être joués comme un ensemble lors des examens.

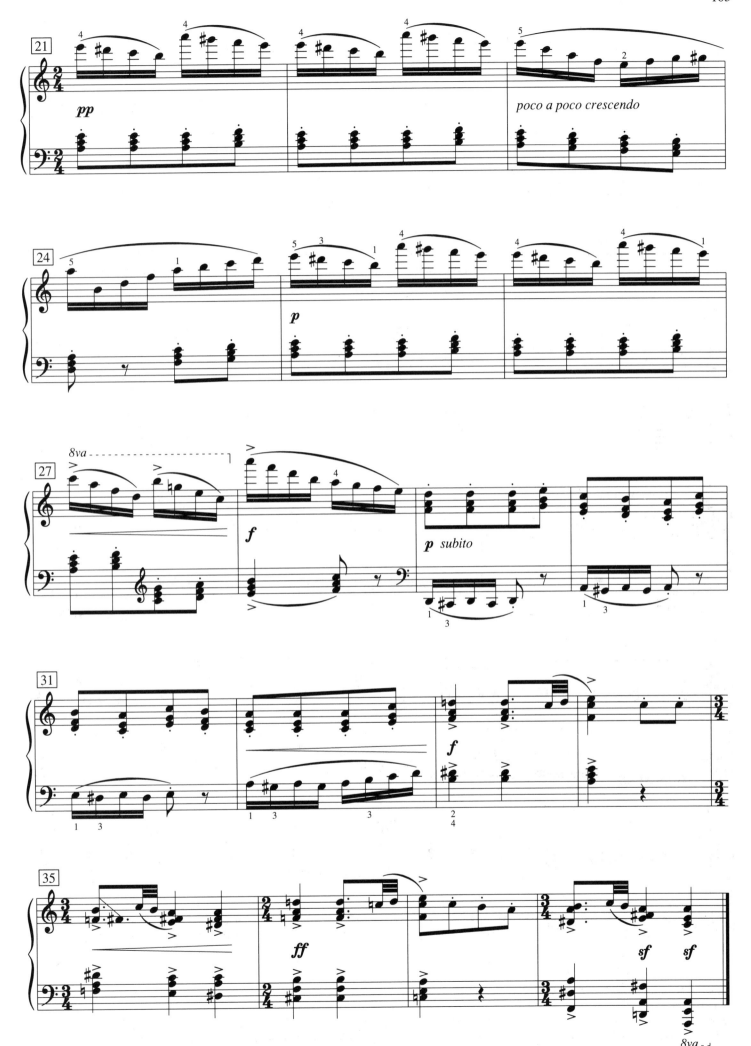

BEAR DANCE / DANSE DES OURS

List D

Béla Bartók
1881-1945

Source: *Ten Easy Piano Pieces* (1908) / *Dix pièces faciles pour le piano* (1908)

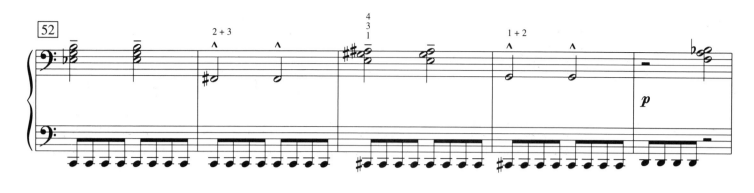

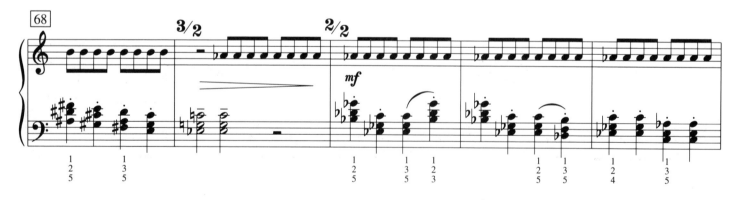

RONDE ENFANTINE / CHILDREN'S ROUND

François Morel
1926-

List D

FOX DANCE / DANSE DES RENARDS

List D

Leo Weiner
1885-1960

Source: *Three Hungarian Rural Dances* (No. 1) (1941) / *Trois danses campagnardes hongroises* (n° 1) (1941)
© Copyright 1958 Editio Musica Budapest. Used by permission.

POLYTONALITY / POLITONALITÉ

List D

R. Murray Schafer
1933-